LA LOI DES LOYERS

EXPOSÉ

DE LA SITUATION FAITE AUX

PROPRIÉTAIRES

ET

LOCATAIRES

PAR LA LOI DU 9 MARS 1918

PAR

Robert TAMINE

AVOCAT

PRIX : 1.50

Librairie J. TALLANDIER
52 bis, Rue Esquermoise
LILLE

LA LOI DES LOYERS

EXPOSÉ

DE LA SITUATION FAITE AUX

PROPRIÉTAIRES

ET

LOCATAIRES

PAR LA LOI DU 9 MARS 1918

PAR

Robert TAMINE

AVOCAT

PRIX : **1.50**

Librairie J. **TALLANDIER**
52 bis, Rue Esquermoise
LILLE

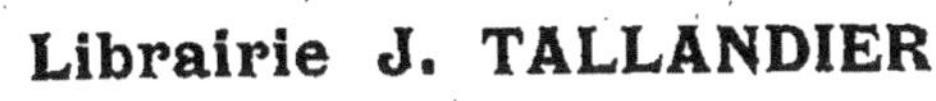

PRÉFACE

Les dispositions contenues dans les décrets moratoires qui ont été promulgués depuis le début de la guerre ne produisent plus aucun effet en ce qui concerne les baux à loyer, et les rapports entre les locataires et les propriétaires du fait de l'état de guerre sont réglés par la loi du 9 Mars 1918, promulguée le 12 du même mois.

Nous n'avons pas l'intention de nous livrer ici à une étude approfondie de la loi ; nous nous bornerons à en dégager les grandes lignes de façon à donner aux locataires et propriétaires un aperçu aussi net et aussi précis que possible de la situation qui leur est faite.

Nous diviserons notre étude en trois parties :

Dans la première nous nous occuperons des droits des locataires.

La deuxième sera réservée aux droits des propriétaires.

Et enfin dans une troisième partie nous dirons quelques mots des commissions arbitrales qui sont les juridictions chargées de trancher les différends qui pourront s'élever entre locataires et propriétaires.

PREMIÈRE PARTIE

Droits reconnus par la loi aux locataires.

La loi du 9 Mars 1918 confère aux locataires, qu'ils soient ou aient été mobilisés ou non, différents droits :

1° Faculté de résilier le bail dans certains cas ;

2° Exonération totale ou partielle de plein droit ou facultative des loyers. Délais de paiement. Maintien en possession des lieux loués ;

3° Prorogation obligatoire pour le propriétaire des baux après la cessation des hostilités ;

4° Et différents autres avantages tels que : l'interdiction des procédures d'exécution, la restriction du privilège du bailleur et l'imputation des loyers d'avance sur les termes échus.

Nous allons voir dans quels cas et pour quels délais ces droits et avantages sont accordés aux locataires.

I. — Résiliations des baux

La loi du 9 Mars 1918 dans ses articles 3 à 9 inclus et 13, prévoit sept cas dans lesquels les baux à loyer pourront être résiliés en faveur des locataires.

1° Décès du locataire sous les drapeaux (art. 3 et 4) ;

2° Disparition du locataire mobilisé (art. 5) ;

3° Décès d'un ou plusieurs associés sous les drapeaux (art. 6) ;

4° Incapacité professionnelle, ou diminution de capacité, résultant pour le locataire mobilisé, d'un fait imputable à la guerre (art. 7) ;

5° Décès d'un locataire non mobilisé imputable à un fait de la guerre (art. 8) ;

6° Modification par suite de l'état de guerre de la situation du locataire (art. 9) ;

7° Impossibilité pour le locataire d'emménager par suite de la guerre (art. 13).

I. *Décès du locataire sous les drapeaux* (art. 3 et 4).— Lorsque le locataire a été tué à l'ennemi ou lorsqu'il est décédé à la suite de blessures reçues aux armées, ou de maladie contractée au service, le bail est résilié de plein droit sans indemnité, si le défunt a laissé une veuve, des héritiers en ligne directe ou des héritiers collatéraux, qui habitaient avec lui. La seule formalité à accomplir est de faire une déclaration au propriétaire. Cette déclaration doit être faite par la veuve et les héritiers en ligne directe, ou à leur défaut, par les héritiers collatéraux qni habitaient avec le défunt. En cas de désaccord la commission arbitrale statue.

Si le défunt n'a laissé que des héritiers collatéraux qui n'habitaient pas avec lui, ou d'autres ayants-droit, la résiliation n'a plus lieu de plein droit. Elle peut être accordée suivant les circonstances avec ou sans indemnité par la commission arbitrale, sur la demande de ces héritiers ou ayants-droit. En cas de désaccord, la commission apprécie.

Dans tous les cas, la déclaration au propriétaire doit être faite dans les six mois qui suivent le décès ou l'avis officiel du décès. Passé ce délai, elle n'a plus aucun effet. Si le décès est antérieur à la promulgation de la loi, le délai de six mois court du jour de la promulgation de la loi (1).

(1) Dans les pays qui étaient occupés par l'ennemi au moment.

Dans tous les cas, la commission arbitrale pourra accorder une indemnité au propriétaire, si celui-ci justifie qu'il a effectué à la demande du locataire et dans l'intérêt personnel de celui-ci des travaux exceptionnels. La commission arbitrale fixera le montant de cette indemnité.

II. *Disparition du locataire mobilisé* (art. 5). — Si le locataire mobilisé a disparu et que son décès soit présumé, la résiliation peut être prononcée par la commission arbitrale avec ou sans indemnité.

La demande en résiliation doit être faite par la femme et les enfants du disparu, ou à leur défaut ses ascendants et autres ayants-droit.

En cas de désaccord la commission arbitrale apprécie.

Le délai pour faire la déclaration au propriétaire, prévu par l'art. 3, est le même que dans le cas précédent (6 mois) à compter du jour de l'avis donné par le ministère de la guerre qu'il y a présomption de décès.

III. *Décès d'un ou plusieurs associés sous les drapeaux* (art. 6). — Si le décès d'un associé en nom collectif ou en commandite a entrainé la dissolution de la société, le bail conclu par la société peut être résilié sur la demande du liquidateur, ou à défaut de liquidateur, par un seul ayant-droit.

La déclaration au propriétaire doit être faite dans

de la promulgation de la loi, le délai ne commence à courir que le surlendemain du jour où le journal officiel est parvenu à la Préfecture ou à la Sous-préfecture.

A Lille par exemple où le Journal officiel est arrivé le 10 Novembre 1918, le délai ne commence à courir qu'à partir du 12 Novembre.

les trois mois de la dissolution de la société, ou dans les trois mois de la promulgation de la loi, si la dissolution est antérieure.

En cas de décès de tous les membres d'une société en nom collectif, ou de tous les gérants d'une société en commandite simple, le bail conclu par la société est résilié de plein droit sur la déclaration du liquidateur, ou à son défaut, sur celle des héritiers ou ayants-droit. En cas de désaccord la commission arbitrale apprécie.

La déclaration doit être faite dans le même délai que ci-dessus, à compter du décès du dernier des associés ou gérants.

Dans tous les cas, la résiliation a lieu avec ou sans indemnité.

IV. *Incapacité professionnelle, ou diminution de capacité* (art. 7). — Un locataire mobilisé ou non, peut, par suite de blessures ou maladie résultant de faits de guerre, avoir perdu en totalité ou en partie ses aptitudes professionnelles. Il obtiendra à sa demande la résiliation du bail sans indemnité, à condition qu'il établisse qu'il ne peut plus exercer la profession pour laquelle il avait conclu le bail, ou qu'il a subi une diminution notable et permanente de sa capacité professionnelle. La commission arbitrale apprécie.

La déclaration au propriétaire (prévue à l'art. 3 de la loi) doit être faite dans les six mois de la mise en réforme ou de la consolidation de l'infirmité, ou, si ces événements sont antérieurs à la promulgation de la loi, dans les six mois de cette promulgation.

V. *Décès d'un non mobilisé imputable à un fait de guerre* (art. 8). — Toutes les dispositions ci-dessus sont applicables en faveur de la veuve et des héritiers d'un non mobilisé dont le décès est survenu à la suite d'un fait imputable à la guerre.

La déclaration au propriétaire doit être faite dans les six mois de l'avis officiel du décès, ou de la promulgation de la loi si l'avis du décès est antérieur.

VI. *Modification de la situation du locataire* (art. 9). — La guerre peut avoir modifié la situation d'un locataire d'un façon telle qu'il n'aurait pas accepté le bail dans sa situation actuelle. Dans ce cas, et à charge par le locataire de justifier du changement de sa situation, le bail pourra être résilié avec ou sans indemnité.

La déclaration devra être faite au plus tard dans les trois mois qui suivront le décret fixant la cessation des hostilités. Passé ce délai, elle n'aura plus d'effet.

VII. *Impossibililé pour le locataire d'emménager par suite de l'état de guerre* (art. 13). — La mobilisation a pu empêcher un locataire d'emménager ; s'il le demande, il obtiendra alors de plein droit la résiliation de son bail.

Dans tous les cas la résiliation doit être déclarée en observant les délais ordinaires des congés sans que ceux-ci puissent excéder trois mois ; à moins que la commission arbitrale ne fixe une autre date.

S'il s'agit du bail d'un immeuble dans lequel s'exploite un fonds de commerce grevé d'inscriptions, la demande en résiliation doit être notifiée aux créanciers inscrits.

II. — Exonérations

Là loi du 9 Mars 1918 accorde dans certains cas aux locataires mobilisés ou non, des réductions de loyers pouvant aller jusqu'à l'exonération totale (art. 14, 15 et 16). Mais la loi n'a aucun effet sur les conventions qui ont pu intervenir pendant la guerre entre les locataires et les propriétaires.

Nous diviserons les locataires en deux catégories, selon qu'ils sont ou non mobilisés.

I. *Locataires mobilisés ou réformés à la suite de blessures reçues, ou de maladie contractée ou aggravée à la guerre* (réformés n° 2). — En principe ces locataires sont exonorés de leurs loyers. Mais cette exonération, dans certains cas, a lieu de plein droit, dans d'autres elle peut être combattue par le propriétaire, et laissée à l'appréciation de la commission arbitrale.

Ont droit à l'exonération totale et de plein droit jusqu'à l'expiration du délai de six mois à compter du décret qui fixera la fin des hostilités, les locataires mobilisés et réformés n° 2 occupant un petit logement (1) (art. 15).

(1) On appelle petits logements ceux rentrant dans les catégories suivantes :

a) A Paris, dans le département de la Seine et dans les communes de banlieue placées dans un rayon de 25 kilomètres des fortifications de Paris :

Logements d'un loyer inférieur ou égal à 500 frs. si le locataire est célibataire, à 600 fr. s'il est marié ;

b) Dans les communes de 100.001 habitants et au-dessus, et dans les communes dont la distance des fortifications de Paris est supérieure à 25 kilomètres sans excéder 40 kilomètres et ayant plus de 2.500 habitants : logements dont le loyer est inférieur ou égal à 350 fr, si le locataire est célibataire, à 400 fr. s'il est marié ;

Exception est faite pour les mobilisés qui reçoivent un traitement ou solde supérieur de un quart à leur gain du temps de paix, pendant tout le temps qu'ils reçoivent ce traitement ou cette solde.

A l'égard de ces derniers, comme à l'égard des locataires ayant un loyer ne rentrant pas dans la catégorie des petits logements, le propriétaire a la faculté de prouver que le locataire pouvait payer son loyer et c'est la commission arbitrale qui statue sur l'exonération ou la réduction à accorder s'il y a lieu, en tenant compte de l'ensemble des revenus du locataire (art. 16).

En ce qui concerce les mobilisés en usine, ils peuvent se prévaloir de l'exonération totale à condition qu'ils travaillent dans un lieu éloigné de leur domicile et qu'ils ne touchent pas un salaire supérieur de plus d'un quart à leur salaire de temps de paix.

c) Dans les communes de 20.001 à 100.000 habitants : logements d'un loyer inférieur ou égal à 250 fr. si le locataire est célibataire; à 300 fr. s'il est marié;

d) Dans les communes de 5.001 à 20.000 habitants : logements d'un loyer inférieur ou égal à 150 fr., si le locataire est célibataire ; à 200 fr. s'il est marié';

e) Dans les communes de 1.001 à 5.000 habitants ; logements d'un loyer inférieur ou égal à 100 fr., si le locataire est célibataire ; à 150 fr. s'il est marié;

f) Dans les communes de moins de 1000 habitants ; logement d'un loyer inférieur ou égal à 75 fr., si le locataire est célibataire, à 100 fr. s'il est marié.

Les chiffres ci-dessus sont majorés par enfants de moins de seize ans ou autre personne à la charge du locataire et par chaque fils ou membre de la famille mobilisé qui habitent sous le même toit, de 100 fr. dans les villes et communes comprises dans les catégories *a* et *b*, de 75 fr. dans celles comprises dans la catégorie *c* et de 50 fr. dans les autres communes.

Par exemple à *Lille* ville de plus de 100.000 habitants, pour une famille comprenant le père, la mère et trois enfants de moins de 16 ans, ou mobilisés, un logement dont le loyer n'est pas supérieur à 700 fr. est considéré comme petit logement.

II. *Locataires non mobilisés*. — Bénéficient d'une exonération totale et de plein droit, ceux de ces locataires qui sont attributaires soit de l'allocation des réfugiés, soit des secours de chômage, soit des secours des bureaux de bienfaisance ou qui sont inscrits sur les listes d'assistance, et qui occupent un petit logement (voir note page 10) (art. 15).

Les locataires occupant un petit logement et qui touchent l'allocation militaire, bénéficient également de cette exonération, à moins que le propriétaire ne prouve qu'ils pouvaient payer leur loyer.

De même pour tous les locataires ne recevant aucun secours ou allocation et occupant un petit logement ; à l'égard de ceux-ci l'exonération n'a lieu que pour la période comprise entre le 1er Août 1914 et le 1er Avril 1918. A partir de cette date ils sont assimilés aux locataires n'occupant pas un petit logement (art. 16).

Les locataires non mobilisés et qui n'occupent pas un petit logement, peuvent obtenir, jusqu'à l'expiration du délai de six mois à compter du décret qui fixera la fin des hostilités, des réductions pouvant aller dans certains cas jusqu'à l'exonération totale, s'ils justifient que la guerre les a privés soit des avantages d'utilité ou d'usage de la chose louée, soit d'une notable partie des ressources sur lesquelles ils pouvaient compter pour payer le loyer (art. 14).

La commission arbitrale apprécie en tenant compte de l'ensemble des revenus du locataire.

Délais de paiement

La loi a prévu le cas où le locataire ne sera pas en état de payer de suite et d'un seul coup les sommes qu'il devra au propriétaire. Suivant les circonstances la commission arbitrale pourra accorder au locataire des délais pour se libérer, soit en totalité, soit par fractions.

Maintien en possession des lieux loués

Pendant toute la durée de la guerre et les six mois qui suivront le décret de cessation des hostilités, les locataires qui ont obtenu des exonérations ou réductions, seront maintenus en possession des lieux loués, mais ils devront se conformer aux décisions de la commission arbitrale ou aux conditions fixées par les conventions, si les exonérations ou réductions résultent d'accords entre propriétaires et locataires.

Ces dispositions sont applicables soit qu'il s'agisse de location avec bail, soit que la location soit verbale.

Sous-locations et locations en garni

Le locataire principal qui a touché en tout ou en partie les loyers des sous-locataires, doit en verser le montant au propriétaire jusqu'à concurence de sa dette. Sinon il devra au bailleur à titre de pénalité un intérêt de 6 % l'an à compter du jour du paiement du sous-locataire.

Mais en cas d'inaction du sous-locataire, le locataire principal pourra toujours mettre en cause le propriétaire devant la commission arbitrale et exercer à son égard les droits résultant de la loi.

En ce qui concerne les logeurs en garni, la commission arbitrale appréciera quelles sont les exénorations et réductions à leur accorder.

III. — Prorogation des baux

La loi de 1918 a voulu garantir les locataires contre des exigences possibles des propriétaires les mettant dans l'obligation soit de quitter leurs logements, soit d'accepter une augmentation de loyer (art. 56).

Les locataires peuvent s'ils le désirent proroger pour une certaine durée les baux et locations verbales qui étaient en cours au 1er Août 1914. : la loi ne concernant pas les baux et locations consentis ou prorogés pendant la guerre. Par exception pourront en bénéficier cependant, les locataires qui ont contracté un bail ou une location postérieurement au 1er Août 1914 et qui ont été ensuite mobilisés.

Pour profiter de cet avantage les locataires ont tout simplement à prévenir le propriétaire de leur intention à cet égard.

Cette déclaration doit être faite par le ministère d'un huissier, elle devra avoir lieu pour les locataires mobilisés au plus tard dans les trois mois qui suivront le décret fixant la date de la cessation des hostilités (art. 58). Passé ce délai, elle n'aura plus aucune valeur.

Pour les locataires non mobilisés cette déclaration doit être faite au plus tard trois mois avant l'expiration du bail. Si le bail était expiré au moment de la promulgation de la loi ou s'il devait expirer moins de six mois après cette promulgation, c'est dans les six mois de cette promulgation que devait avoir lieu la déclaration (1). Si le bail doit expirer plus de trois mois après le décret de cessation des hostilités, c'est, au plus tard dans le délai de trois mois à compter de ce décret que devra avoir lieu la déclaration.

S'il s'agit de location verbale c'est dans les vingt jours de la signification du congé par le propriétaire que la déclaration devra être faite par le locataire.

Pour quelle durée la prorogation peut-elle être demandée ?

Il faut faire ici une distinction suivant la destination des biens loués :

1o Baux afférents à des locaux à usage commercial, industriel et professionnel.

La prorogation a lieu pour une durée égale au temps écoulé entre le décret de mobilisation, et celui fixant la cessation des hostilités.

2o Baux afférents à des locaux à usage d'habitation.

La prorogation a lieu pour deux années à compter du même décret.

Exceptionnellement les locataires occupant des petits logements et qui sont restés sous les drapeaux plus de deux ans, auront leur location prorogée d'une durée égale à celle de leur mobilisation.

Si un locataire a réalisé des bénéfices exceptionnels de guerre dans les conditions prévues par la loi du 1er Juillet 1916 et que le propriétaire le prouve, la

____

(1) En ce qui concerne les pays qui ont été occupés par l'ennemi, voir note 1 pages 6 et 7

prorogation n'aura plus lieu à sa seule volonté. C'est la commission arbitrale qui statuera.

La commission arbitrale statuera également toutes les fois que le propriétaire invoquera une raison spéciale de s'opposer à la prorogation du bail (par exemple : modification du commerce ou de l'industrie exploité dans les lieux loués).

IV. — **Avantages divers**

La loi de 1918 accorde encore aux locataires différents avantages.

1° *Interdiction des procédures d'exécution* (art. 19 et 20).

Toutes poursuites sont interdites.

a) A l'égard des mobilisés, pendant toute la durée des hostilités et les six mois qui suivront le décret fixant leur cessation. Mais s'ils le désirent, les mobilisés pourront demander aux commissions arbitrales de statuer sur leur cas.

b) A l'égard : des veuves des militaires morts sous les drapeaux et des membres de leur famille habitant avec eux — des femmes des militaires disparus dont la disparition a été officiellement constatée ou aux membres de leur famille qui habitaient antérieurement avec eux les lieux loués — des personnes parentes ou non qui antérieurement au 1er Août 1914, vivaient habituellement dans les lieux loués avec le locataire mobilisé et qui justifieront qu'elles étaient à sa charge — des militaires réformés à la suite de blessures ou de maladie contractée ou aggravée à la guerre.

— Jusqu'à l'expiration de l'année 1919 sans que ce délai puisse dépasser six mois après le décret fixant la cessation des hostilités.

c) A l'égard des femmes de français retenus en pays envahi, internés en pays ennemi ou neutre, ou des membres de leur famille qui vivaient avec eux, jusqu'à l'expiration des six mois qui suivront leur libération.

2º *Restriction du privilège du bailleur.*

La commission arbitrale peut limiter le gage du propriétaire à une partie déterminée du mobilier. Dans tous les cas, ne peuvent être compris dans ce gage, les meubles et objets nécessaires au coûcher et au travail du locataire et de sa famille, non plus que ceux qui sont indispensables pour la salle à manger et la cuisine (art. 24).

3º *Imputation des loyers d'avance.*

Si le locataire a versé au propriétaire une somme en garantie de l'exécution du bail ou à titre de loyer d'avance, cette somme se compensera de plein droit avec le montant des loyers échus pendant la durée de la guerre (art. 26).

De même les commissions arbitrales imputeront les loyers payés depuis le 1er Août 1914 sur le montant des termes échus ou à échoir.

DEUXIÈME PARTIE

Droits reconnus par la loi aux propriétaires

La loi de 1918 si elle confère aux locataires de grands avantages, n'a pas délaissé les propriétaires, tout au moins ceux qui n'ont qu'un chiffre modeste de revenus. Les droits reconnus par la loi à ceux-ci sont :

1° Faculté de résilier le bail dans certains cas (art. 10).

2° Droit à indemnité pour perte de revenus (art. 29 et 30).

3° Droit à réduction d'impôts (art. 31).

4° Faculté d'obtenir des délais pour le paiement des créances hypothécaires et privilégiées (art. 32).

I. — Résiliation de baux

Dans trois cas le propriétaire a le droit de demander la résiliation du bail ;

1° Quand le locataire emploie la chose louée à un usage autre que celui auquel elle était destinée, et cause ainsi un préjudice au propriétaire ;

2° Quand le locataire ne jouit pas de la chose louée en bon père de famille ;

3° Quand le locataire non exonéré en vertu de la loi, ne se conforme pas pour les paiements aux décisions de la commission arbitrale.

Dans tous les cas, la résiliation doit être déclarée en observant les délais ordinaires des congés, sans que ceux-ci puissent excéder trois mois, à moins que la commission arbitrale ne fixe une autre date.

S'il s'agit du bail d'un immeuble dans lequel s'exploite un fonds de commerce grevé d'inscriptions, la demande en résiliation doit être notifiée aux créanciers inscrits.

II. — Indemnités

Les propriétaires et logeurs en garnis dont les locataires auront été exonorés en tout ou partie du paiement de leurs loyers, soit en vertu de la loi, soit en vertu de conventions librement consenties, auront droit à une indemnité servie par l'État, si l'ensemble de leurs revenus ne dépasse pas un certain chiffre. Pour bénéficier de l'indemnité, le propriétaire doit avoir un revenu assez modeste pour ne pas être assujetti à l'impôt sur le revenu. Ou bien s'il est assujetti à cet impôt, son revenu ne doit pas dépasser le taux suivant :

5.000 frs. dans les communes de moins de 100.000 habitants ;

8.000 frs. dans les communes de 100.000 habitants et au-dessus et dans celles ayant plus de 2.500 habitants se trouvant à une distance de Paris supérieure à 25 kilomètres et inférieure à 40 kilomètres.

10.000 francs à Paris, dans le département de la Seine et dans les communes de banlieue placées dans un rayon de 25 kilomètres des fortifications de

Paris (1). Le calcul se fait d'année en année, le droit à indemnité pour pertes de loyers subies dans une année étant réglé d'après le montant du revenu imposé l'année suivante. Spécialement pour les pertes subies du 1ᵉʳ Août 1914 au 31 Décembre 1915, le droit à l'indemnité est réglé d'après le montant du revenu imposé en 1916.

(1) Il faut bien remarquer que ces chiffres de 5.000 fr., 8.000 fr., 10.000 fr., représentent le revenu imposable et non le revenu réel. Pour obtenir ce revenu imposable il faut faire subir au revenu réel différentes réductions. Prenons un exemple : un propriétaire marié et père de deux enfants a un revenu réel de 15 000 fr. Quel est le revenu imposable de ce propriétaire ?

Du revenu réel de		15.000 fr.
Il faut déduire :		
2.000 fr. en raison de ce que le propriétaire est marié	2.000	
Et 1.000 fr. par enfant, soit pour les deux .	2.000	
Ensemble. . . .	4 000	4.000
Il reste		11.000

sur lesquels 3.000 fr. sont exonérés complètement ;

La part comprise entre 3.000 fr. et 8.000 fr. est comptée pour un dixième, soit. . . .	500 fr.
et la part comprise entre 8 000 fr. et 11.000 fr., est comptée pour deux dixième, soit. . .	600 fr.
Ensemble.	1 100 fr.

C'est cette somme de 1.100 fr. qui représente le revenu imposable.

Dans le cas que nous venons d'envisager le propriétaire aura donc droit à l'indemnité accordée par la loi si ses loyers n'ont pas été payés.

Pour que le propriétaire n'ait pas droit à cette indemnité, il faut que son revenu soit supérieur, s'il est célibataire, veuf ou divorcé :

1º A 21.800 fr. dans les communes de moins de 100.000 habitants ;

2º A 27.800 fr. dans les communes de plus de 100.000 habitants et situées entre 25 et 40 kil. de Paris.

3º A 31.800 fr. à Paris et dans un rayon de 25 km. des fortifications de Paris.

Ces chiffres sont augmentés de 2.000 fr. si le propriétaire est marié, plus 1.000 fr. par personne à sa charge jusqu'à la sixième et 1.500 fr. par personne à partir de la sixième.

Si pendant une année, le propriétaire a été imposé
pour un revenu supérieur au taux indiqué ci-dessus,
il n'aura droit à aucune indemnité pour cette année.

Montant de l'indemnité.

En principe l'indemnité sera de 50 % des loyers
dont le locataire aura été déchargé.

Mais si cette indemnité de 50 % augmentée de la
portion des loyers exigibles, est inférieure au montant des charges de l'immeuble, le taux de l'indemnité
sera augmenté ; le propriétaire touchera le montant
de ces charges. Dans les charges on comprend les
impôts, assurances et les annuités des créances
hypothécaires. Par conséquent le propriétaire d'un
immeuble hypothèqué tonchera une indemnité suffi-
sante pour lui permettre de payer les intérêts échus
de sa dette ou les annuités échues (s'il s'agit d'un
prêt contracté au Crédit Foncier par exemple).

Par contre l'indemnité ne pourra jamais être supérieure à la différence entre le revenu imposé à l'impôt
général sur le revenu et les chiffres indiqués plus
haut (5.000, 8.000 ou 10.000 francs).

Paiement des indemnités (art. 29 et 30).

Si l'indemnité accordée est inférieure à 1.000 francs,
elle sera payée en une seule fois dans le mois qui
suivra la décision ministérielle ayant statué sur cette
indemnité.

Si l'indemnité est supérieure à 1.000 francs, elle
sera payée en dix termes annuels, sans que le
premier terme puisse être inférieur à 1.000 francs.
Le premier terme sera payable dans le mois qui
suivra la décision ministérielle qui aura statué sur

l'indemnité. Les termes non échus porteront intérêt à 5 % l'an, et les intérêts seront payables chaque année en même temps que le terme.

Chaque ayant-droit recevra un titre constatant sa créance, il ne pourra pas le négocier, mais il pourra donner en paiement à son créancier hypothécaire jusqu'à concurrence des sommes qu'il lui doit, — tout ou partie de cette créance. Le créancier sera obligé d'accepter ce mode de paiement.

Les titres de créances pourront également faire l'objet d'avances et de transports.

Comment obtenir l'indemnité ? (art. 30).

Pour obtenir l'indemnité le propriétaire doit faire une demande adressée au Directeur de l'Enregistrement.

Cette demande devra être faite au plus tard dans l'année qui suivra la cessation des hostilités.

Les formes dans lesquelles doit être faite cette demande ont été fixées par un arrêté du Ministre des Finances du 10 Mai 1918, publié au *Journal officiel* le 12 Mai (1).

Dans le délai de deux mois à dater du dépôt de la demande, le Directeur de l'Enregistrement fixera le montant de l'indemnité. La décision sera notifiée dans la forme administrative à l'intéressé. Celui-ci dans la quinzaine de la notification, pourra adresser un recours au ministre qui statuera dans le mois.

La décision du ministre pourra faire l'objet d'un recours devant le conseil d'État. Ce recours aura

(1) Voici le texte de cet arrêté, page 28.

lieu sans frais et sans l'intervention obligatoire d'un avocat.

III. — **Réduction d'impôts** (art. 31).

Toute réduction ou exonération de loyer prononcée par la loi ou par les commissions arbitrales, ou résultant de conventions entre locataire et propriétaire, entraînera sur la contribution foncière et la contribution des portes et fenêtres, principal et centimes additionnels, départementaux et communaux compris, et sur les taxes assimilées afférentes à l'immeuble loué, ainsi que sur le montant des droits d'enregistrement perçus ou exigibles, une remise proportionnelle à la perte de revenu subie par le propriétaire.

Pour avoir cette remise, le propriétaire devra en faire la demande au plus tard dans les trois mois qui suivront la date à laquelle la réduction ou l'exonération de loyer sera devenue définitive, ou dans les trois mois du jour de la promulgation de la loi du 9 Mars 1918, pour les réductions accordées avant cette promulgation.

En ce qui concerne les réductions librement consenties, le propriétaire devra produire à l'appui de sa demande une déclaration signée et certifiée sincère, du montant du loyer auquel il aurait eu droit, de la quotité de la réduction consentie et de la période à laquelle elle s'applique.

Les demandes sont présentées, instruites et jugées comme les demandes en remise pour vacance de maison.

En cas de fausses déclarations les coupables sont passibles des peines portées au Code pénal.

IV. — **Délais de paiement** (art. 32).

Chaque fois que le propriétaire aura été privé du fait de la guerre d'une grande partie des ressources sur lesquelles il comptait pour faire face au paiement de ses dettes, la commission arbitrale pourra, s'il le demande, lui accorder des délais tant pour le remboursement du capital que pour le réglement des intérêts. La commission pourra même décider qu'à la fin des hostilités les intérêts s'ajouteront au capital avec ou sans intérêts, et qu'ils seront payés à la fin du contrat. Dans ce cas, les intérêts, quelle que soit la durée qu'ils représentent, seront garantis par l'hypothèque au même rang que le capital, sauf s'il existe des créanciers hypothécaires postérieurs en rang et inscrits avant le 1er Août 1914.

Les délais accordés par la commission arbitrale auront pour point de départ la date d'exigibilité de la créance et ils ne pourront dépasser trois ans plus une durée égale à celle de la guerre, en ce compris le retard qui pouvait exister au début de la guerre.

Les acquéreurs d'habitations à bon marché, de jardins ouvriers et de petites propriétés, qui amortissent leurs prix d'acquisition par versements périodiques bénéficient dans les mêmes conditions de délais de paiement.

TROISIÈME PARTIE

Commissions arbitrales

La loi du 9 Mars 1918 a institué un tribunal spécial pour le réglement de toutes les contestations relatives aux loyers. Ce tribunal porte le nom de commission arbitrale.

Il y a une commission arbitrale par arrondissement ; il peut y en avoir plusieurs si besoin est.

La commission arbitrale se compose d'un président et de quatre membres ou assesseurs, deux propriétaires et deux locataires.

Le président est un magistrat désigné par le premier président de la Cour d'Appel.

Les membres sont tirés au sort dans les listes dressées par les conseils municipaux.

Peut être membre d'une commisson arbitrale tout propriétaire ou locataire de la circonscription âgé de 25 ans, inscrit sur les listes électorales et non soumis aux cas d'incapacité ou d'incompatibilité prévus par les articles 2, 3 et 4 de la loi du 21 Novembre 1871.

Les femmes propriétaires ou locataires domiciliées dans la circonscription peuvent également être membres d'une commission arbitrale, si elles ont plus de 25 ans et ne sont pas incapables.

Exception faite cependant pour les locataires propriétaires d'immeubles de rapport dans le département et dans les départements limitrophes, et pour les locataires qui représentent habituellement un ou plusieurs propriétaires. Ceux-ci ne peuvent être membres des commissions arbitrales.

La loi a prévu le cas où les parties auraient des raisons de douter de l'impartialité des membres de la commission arbitrale, elle leur donne le droit dans tous les cas de récuser chacun deux de ces membres ; en outre leur récusation peut être demandée dans divers cas prévus :

1° Quand ils ont un intérêt personnel à la contestation ;

2° Quand ils sont parents ou alliés d'une des parties en ligne directe, et en ligne collatérale jusqu'au 4ᵉ degré inclusivement, ou quand ils sont parents entre eux dans les mêmes conditions ;

3° Si dans l'année qui a précédé la récusation, il y a eu action judiciaire criminelle ou civile entre eux et l'une des parties où son conjoint, ou ses parents et alliés en ligne directe ;

4° S'ils ont donné un avis écrit dans l'affaire ;

5° S'ils sont patrons, ouvriers ou employés de l'une des parties en cause.

———

Procédure

Dans tous les cas il sera procédé à un préliminaire de conciliation devant le Président de la commission. Les parties pourront se présenter volontairement, ou bien le demandeur fera convoquer le défendeur par lettre recommandée avec avis de réception au moins trois jours fermes à l'avance, à défaut d'avis de réception, le défendeur sera cité par huissier.

Les parties doivent se présenter elles-mêmes, à moins d'excuse jugée valable par le Président, mais elles peuvent être assistées par un avocat inscrit au tableau ou un officier ministériel.

A défaut de conciliation ou si le défendeur ne se présente pas, le secrétaire convoque les parties par lettres recommandées avec avis de réception pour le jour d'audience fixé par le Président.

Si la décision est rendue par défaut, elle est transmise à la partie défaillante par lettre recommandée avec avis de réception, ou à défaut par notification d'huissier. L'opposition peut être faite au secrétariat de la commission dans la quinzaine de l'avis de réception ou de l'exploit d'huissier.

Dans ce cas, les parties sont convoquées à une prochaine audience.

Les audiences de la commission arbitrale sont publiques en principe, pourtant sur la demande d'une des parties, la commission pourra ordonner que les débats auront lieu en chambre du conseil. Dans tous les cas les décisions seront rendues en audience publique.

Les commissions arbitrales jugent en dernier ressort sans appel, leurs décisions ne peuvent être attaquées par la voie du recours en cassation que dans deux cas : excès de pouvoir et violation de la loi.

ANNEXE

Arrêté du Ministre des Finances du 10 Mai 1918, relatif aux formes dans lesquelles doit être faite la demande en indemnité par le propriétaire.

Titre 1er. — Forme de la demande

Article premier. — Les propriétaires qui sont dans les conditions requises pour obtenir l'indemnité prévue à l'article 29 de la loi du 9 Mars 1918, adressent une demande à cet effet, dans le délai imparti par l'article 30 de ladite loi, au directeur de l'enregistrement, des domaines et du timbre, du département où se trouve situés les immeubles qui ont donné lieu à exonération de loyers.

En vue de l'application du onzième paragraphe de l'article 29, ce chef de service fait renvoi de la demande à son collègue de la résidence du pétitionnaire.

Art. 2. — La demande est écrite sur papier timbré conformément à l'article 12 de la loi du 13 brumaire an VII.

Elle est signée par le pétitionnaire.

Elle renferme les indications suivantes :

1° Les nom et prénoms du pétitionnaire ;

2° Sa profession ;

3° Sa résidence et, en cas de pluralité de résidence, sa résidence principale ;

4° L'objet de la réclamation ;

5° Le montant de l'indemnité sollicitée ;

6° L'exposé sommaire des motifs qui sont de nature à justifier la demande.

La demande indique, en outre, lorsqu'elle émane d'une femme, si la pétitionnaire est célibataire, mariée, veuve, séparée de corps ou de biens, ou divorcée.

Titre II. — Justifications a produire a l'appui de la demande

§ 1er. — *Justifications relatives aux baux et locations verbales ayant fait l'objet d'une exonération ou réduction.*

Art. 3. — Pour chaque location ayant fait l'objet d'une exonération totale ou partielle, soit en vertu des articles 14, 15 et 16 de la loi, soit par suite de conventions librement consenties, il est produit :

a) Lorsqu'il s'agit d'un bail écrit, l'original du bail, s'il est sous signatures privées, ou l'expédition en forme, s'il est notarié.

Dans le premier cas, il peut être suppléé à tout original égaré par une copie de l'enregistrement du bail, que le receveur de l'enregistrement compétent délivre dans la forme prévue à l'article 58 de la loi du 22 frimaire an VII.

b) Lorsqu'il s'agit d'une location verbale, une copie de la déclaration de cette location délivrée dans la même forme par le receveur de l'enregistrement compétent.

Si la location n'a pas été déclarée dans le délai

légal, le pétitionnaire produira une déclaration spécialement destinée à être jointe à sa demande d'indemnité. Les droits simples d'enregistrement exigibles sur cette déclaration seront imputés sur le montant de l'indemnité.

§ 2. — *Justifications relatives à la situation du locataire*

Art. 4. — Il est produit :

I. Pour chaque location rentrant dans les prévisions de l'article 14 de la loi, une copie de la décision de la commission arbitrale qui a fixé la réduction accordée au locataire, la dite copie certifiée conforme par le secrétaire de la commission.

II. Pour chaque location rentrant dans la prévision de l'article 15 de la loi.

a) Si le locataire est ou a été mobilisé :

1° Un certificat du chef de corps établissant la date à laquelle remonte la mobilisation et, le cas échéant, la date à laquelle elle a cessé.

Ce certificat fera connaître le montant du traitement, de la solde ou de la rétribution reçue par le locataire par suite de la mobilisation [et,] le cas échéant, pendant quelle période de temps le locataire a reçu ce traitement, cette solde ou cette rétribution ;

2° Une attestation du locataire, appuyée de toutes justifications utiles, faisant connaître le montant du traitement, du gain, de la rétribution ou du salaire qu'il recevait avant la guerre.

b) Si le locataire a été réformé à la suite de blessures reçues ou de maladie contractée ou aggravée à la guerre, un certificat de réforme faisant connaître la date à laquelle remonte la mobilisation et celle à partir de laquelle la mobilisation a cessé pour faire place à l'état de réforme.

c) Si le locataire rentre dans l'une des catégories visées au quatrième paragraphe de l'article 15 de la loi, un certificat du maire où du percepteur des contributions directes, faisant connaître celle de ces catégories à laquelle le locataire appartient effectivement, à quelle date il y a été admis, et, le cas échéant, à quelle date il a cessé de bénéficier des allocations ou secours prévus audit paragraphe.

d) Si le locataire mobilisé est ou a été affecté, en vertu de l'article 6 de la loi du 17 Août 1915, à des établissements industriels travaillant à la défense nationale :

1º Un certificat du maire établissant s'il a, ou non, et, le cas échéant, pendant quelle période de temps, maintenu son habitation dans les lieux loués ;

2º Dans le cas de la négative, un certificat de l'employeur faisant connaître, sous sa responsabilité, le montant du traitement, du salaire ou de la rétribution que le locataire reçoit ou a reçue depuis son affectation ;

3º Une attestation du locataire, appuyée de toutes justifications utiles, faisant connaître le montant du traitement, du salaire ou de la rétribution qu'il recevait avant la guerre.

e) Pour tout locataire appartenant à l'une quelconque des catégories *a*, *b*, *c*, *d*, susvisées, un certificat du maire établissant :

1° Si le locataire est marié ou célibataire ;

2° Le nombre de personnes (enfants de moins de 16 ans ou autres) à la charge du locataire ;

3° Le nombre de fils ou de membres de la famille mobilisés, qui habitaient avec lui sous le même toit.

A défaut de l'attestation et des justifications prévues aux paragraphes *a* 2° et *d* 3° ci-dessus, ces éléments d'information pourront être remplacés soit par un certificat émané du chef d'entreprise chez lequel le locataire était employé avant la guerre, soit même par tout autre document susceptible de fournir les renseignements nécessaires.

III. Pour chaque location rentrant dans les prévisions de l'article 16, un certificat du secrétaire de la commission arbitrale attestant que le propriétaire n'a pas apporté, devant la commission, la preuve que le locataire devait être privé du bénéfice de l'exonération.

Pour la période à courir à partir du 1er Avril 1918, le propriétaire produira comme il est dit à l'article 4-I ci-dessus, une copie de la décision de la commission arbitrale fixant la réduction accordée au locataire, ladite copié certifiée conforme par le secrétaire de la commission.

IV. Pour toute exonération résultant de conventions librement consenties, une déclaration faisant connaître :

1° Le montant du loyer auquel le bailleur aurait eu droit ;

2º La quotité de la réduction consentie ;

3º La période à laquelle elle s'applique.

La déclaration est signée et certifiée sincère sous les peines de droit tant par le bailleur que par le locataire.

Elle est appuyée de toutes quittances ou autres pièces susceptibles de la justifier.

§ 3. — *Justifications relatives à la situation du propriétaire au regard de l'impôt général sur le revenu.*

Art. 5. — Si le droit à indemnité s'applique à des pertes de loyer subies du 1er Août 1914 au 31 Décembre 1915, le propriétaire produit, à l'appui de la demande, l'avertissement qui lui a été adressé pour l'acquit de l'impôt général sur le revenu applicable à l'exercice 1916, ou à défaut, un extrait du rôle délivré par le percepteur des contributions directes.

Si le droit à indemnité s'applique à des pertes de loyer subies en 1916, le propriétaire justifie par les mêmes moyens du chiffre pour lequel il a été inscrit en 1917 au rôle de l'impôt général sur le revenu et ainsi de suite d'année en année.

Le propriétaire qui n'a pas été inscrit au rôle de l'impôt général sur le revenu produit, pour chaque exercice, un certificat de non imposition également délivré par le percepteur des contributions directes.

§ 4. — *Justifications accessoires*

Art. 6. — Le propriétaire qui prétend, en cas d'exonération ou réduction partielle, bénéficier des dispositions du 8° paragraphe de l'article 29 de la loi produit, en outre des justifications prescrites par les articles qui précédent :

1° Une déclaration de la portion des loyers demeurés exigibles.

2° Un état des charges de la propriété correspondant aux locaux ayant fait l'objet d'une exonération ou réduction, ledit état accompagné de toutes pièces à l'appui, notamment :

a) Pour les travaux d'entretien ou de réparation :

Des factures ou mémoires dûment acquittés des entrepreneurs ou fournisseurs ;

b) Pour les annuités des créances hypothécaires :

Des quittances de ces annuités, avec référence au titre constitutif de l'hypothèque qui est désigné tant par sa date que par le nom et la résidence du notaire ;

c) Pour les impôts :

1° Des avertissements ou extraits de rôles relatifs aux contributions foncières et des portes et fenêtres, ainsi qu'aux taxes municipales établies au nom du propriétaire et portant sur le revenu ou la valeur en capital des propriétés ;

2° De toutes quittances ou autres pièces faisant connaître les sommes payées ou dues par le propriétaire au titre des taxes municipales autres que celles visées ci-dessus (taxes de balayage, de pavage, d'écoulement direct à l'égout, etc....).

d) Pour les assurances :

Des quittances des primes, avec référence à la police qui est désignée tant par sa date que par le nom et l'adresse de l'assureur.

Art. 7. — Les dispositions qui précèdent sont applicables aux logeurs en garni dont les sous-locataires auront été exonérés, en vertu des articles 14, 15 et 16 de la loi.

TABLE

www.ingramcontent.com/pod-product-compliance
Lightning Source LLC
Chambersburg PA
CBHW060044090726
47597CB00012B/2443